JN4108835

이즘도의 아침

이즘도의 아침

초판 1쇄 인쇄 • 2019년 3월 1일

지은이 • 정정근

펴낸이 • 이승훈

펴낸곳 • 해드림출판사

주 소 • 서울 영등포구 경인로82길 3-4(문래동1가 39)

센터플러스빌딩 1004호(우편07371)

전 화 • 02-2612-5552

팩 스 • 02-2688-5568

E-mail • jlee5059@hanmail.net

등록번호 • 제2013-000076

등록일자 • 2008년 9월 29일

ISBN 979-11-5634-332-5

이즘도의

달맞이꽃 가득한 벽에 매달려
지나간 사랑처럼 무심히 내려다보는
엉겅퀴 한 다발
꽃과 잎과 줄기와 뿌리 용케 남아
뜨거웠던 한 시절을 목말라 한다

정정근 시집

해드림출판사

펴내는 글

체, 체, 체…

순박했던 나는 점점 없어지고
낯선 내가 자주 오더니
언제부터였는지 아주 바뀌었다.
부모님이 만들어주신 내가 맘에 안 들어
남의 옷 남의 생각으로 산 탓이다.
약은 체, 잘난 체
체, 체, 체
그러다 보니 정체성이 흔들려
사람인 듯 악귀처럼
식물인 듯 고사목처럼
숨 쉬는 돌멩이처럼 사는 날이 있다.
내가 만든 나보다
부모님이 만들어 주신 내가
훨씬 나았다는 생각을 이제야 한다.
몸은 어쩔 수 없어도
마음만이라도 옛날로 돌아가고 싶다.

기 출간한 『나도감나무』의 몇 편을 부분 수정하고 신작으로 보완했다.

글을 쓴다는 것, 책을 만든다는 것에 심한 갈등을 반복한다.

그러면서도 이 행위를 멈추지 못하는 것은, 산고로 힘들어하던 산모가

'다시는 애 낳지 않으리라' 다짐을 하고도 아기가 방긋방긋 웃으며 재롱 피는 것을 보면

그 고통 다 잊고 또 아기를 갖는 것과 같다고나 할까.

……잘하는 짓인지 모르겠다.

기해년 정월에

鄭貞根

목차

1. 앵돌기도 하는 거지

2. 모든 것은 변하고 사라져가는 것

3. 그 겨울의 강

4. 겨울 스캔들

5. 저 엄청난 자국

1

앵돌기도 하는 거지

산다는 거

땅 밟고 사는 인간이니
하늘 맘으로만 살 수 있나
굽은 길 비탈길 더듬대다
춤인 듯 통곡인 듯 노래도 부르고
엎어졌다 자빠졌다 삐쳤다 풀어졌다
앵돌기도 하는 거지
머문 자리 헤집다 다지기도 하고
파안대소에 한숨 감추다
손 털고 가는 인생

너와 나 어느 별에서 다시 만나면
옳으니 그르니 따지지 않고
다함없는 정 나눌 수 있을까.

해 질 녘

네가 사는 집을 밀어버리고
듬성듬성 옥수수를 심고 싶다

참새 부리 같은 싹이 올라와
촉촉한 눈으로 물을 주면
허겁지겁 빨아들여 마술처럼 자라겠지

빨강 노랑 수염 속에
은구슬 금구슬 낳아놓고
된바람 흔들바람에
긴 팔다리 막춤이라도 추면
저녁나팔꽃처럼 토라진 나
웃기도 하겠지

먼 데 산 위로 해가 지고
골목골목 어둠 밀려오면
그의 동네로 가는 버스를 기다린다.

봄날 · 1

민들레 제비꽃 뽀스락대면
산수유 생강나무 불 밝히고
매화 향기에 잠깬 봄꽃들
너만 이쁘냐
나도 잘났다
순서도 약속도 없이
예서 벙긋
제서 쌩끗
봄 한철이 요란하다

꽃으로 났으면
활짝 펴보는 게 보람인데
저 꽃마리는 푸른 꿈 옴츠린 채
무얼 하는지.

봄날 · 2

바깥양반 집사람 되니
안사람 울 넘는 날 잦다
아이들은 풀씨로 날아가고
웃고 떠드는 건 티브이 뿐
가야 할 곳도
부르는 이도 없는 양반
금새우란 몇 포기에 마음을 맨다
내일은 깽깽이풀이나 보러 갈까
소심(素心) 백화(白花) 중투호(中透縞)도 기대하며

배낭 챙기는 손끝에
봄볕이 꼬물댄다.

봄날 · 3

카톡에 동백꽃 올라오면
봄이다
화분 속 매화 빰 붉히고
마당 가 원추리 손 내밀고
씨암탉 솜병아리 몰고 다니고
꼬마숙녀 치마 고집하고
대청소를 해야겠다 싶고
떠난 친구 생각나면
봄이다
지금이 그때다.

봄날 · 4

마중 가지 않아도
때 되면 온다

어깨 보듬다
발톱 세운다

꽃망울 열다
장독 깬다

요랬다조랬다
헤살이 백단이다

보내지 않아도
슬며시 간다.

봄날 · 5

청명 한식 지나면
동작동 현충원은 꽃 잔치
능수벚꽃이 여왕이다
하롱이는 꽃잎들 옛날을 불러오고
생끗뱅끗 젊은 꽃들 청춘을 노래한다
춘정이 꼬드겼나
꽃향기에 묻어왔나
멀리서 가까이서 꽃구름 몰려와
셔터 누르기 바쁘다
묘소와 충혼당의 육만오천 선열들도
포근한 햇살 속
실바람 타고 둘러보실까

현충원 한나절이 출렁인다.

봄날 · 6

개나리 진달래 지고 나니
백목련이 절정이다
온실이 그리운 팬지들은
살랑바람에도 오소소
벚꽃나무 가지마다 꽃망울 탱탱하다
떡갈나무 이팝나무 물푸레나무들 새 옷 짓기 바쁘고
현충지 분수대 왜가리 홀로 참선 중
인기척에 몰려나온 잉어들
빈손 눈치 채고 재빨리 돌아선다
여기저기 새 생명들 냉기 뚫는 삼월
건너편 석녀만 머리 싸맨 채
삼동(三冬)이다.

대추나무

양반의 족속인지 게름뱅인지
늦잠 자고 일어나도 비단옷만 입는다
느지막이 피우는 꽃 볼품도 없고
딱딱하고 거친 살결 매력 없지만
포동포동 어린 꿈 땡볕에 영글어
소슬바람에 단맛 들면
보약 중에 보약이다.

이무기
-산당화 필 무렵

산만한 덩치에
욕심도 놀람도 급할 것도 없어 보이는 얼굴로
부처님 미소만 짓는 그를
사람들은 이무기 같은 놈이라고 했다
부선망독자라고 징집을 면제받고는
산당화 꽃눈 촘촘한 마당을 나가더니
석 달 열흘이 넘도록 소식한 줄 없었다
모친은 아들의 생사를 묻고 다녔다
어느 무녀는 이승 사람 아니라 하고
어느 거사는 수렁에 빠졌다 하고
어느 점쟁이는 용이 되어 올 거라고 했다
희망을 가져야 하나
절망을 삼켜야 하나
이 거리 저 골목 헤매더니
살림을 놔둔 채 종적을 감췄다

아들아, 용 될 생각 말고 돌아오라
이무기면 어떻고 그도 아니면 대수냐
너는 그대로가 에미의 무기인 것을

몇 년 뒤 산당화 그늘 아래
젊은 탁발승 점을 찍고 떠났다.

한마음

당신이 펜이라면
나는 종이가 되어
복사꽃 향기로
날아가겠소

내가 술이라면
당신은 잔이 되어
달보드레 입술로
천천히 마셔주오.

지팡이

자랄 때 부모님이 기둥이셨으니
성년 돼서는 무엇으로든
힘 되어 드렸어야 했다

자식은 넉넉한 사랑을 받고도
서운했던 것만 꼽는데
늙고 힘없어진 부모님은
괜찮다 고맙다며
자식들 걱정만

조금은 더 잘해 드릴 수도 있었는데
제 일신 챙기기 바빠
눈치만 보시게 했다.

내 위(胃)는

잠귀도 밝고 부지런하다
세미한 기척에도 금세 깨어
밀린 일 무트로 해치운다

치사하면서도 위대하다
주는 건 넙죽넙죽 챙기면서
내놓는 건 쩨쩨하다

일하는 건 좋아해도
노는 건 싫어해
주머니가 비지 않아도
이것저것 걸근댄다

매나니로 소찬으로 만찬으로
군것질까지
새새틈틈 살(肉)로 채운다.

그는

변화무쌍하다
동그랗다가 모가 나고
물이다가 불도 되고
빛과 어둠 교차하면
청맹과니도 된다
제 주인을 밝혀주고 빛내주다
부끄러움까지 까발린다

한주먹에 보낼 수도 있지만
주인이 천 냥이면 그가 구백 냥이라니
모시고 살아야 한다.

내 안에는

예민한 촉각의 미모사와
속절없는 아네모네가 있다
한 남자에게 받은 빛바랜 연서는
서랍 속에 잠들어 있고
얼굴에 생기를 주는 마법의 물질은
거울 앞에 조신하다
친구였던 미움이었던 수많은 지인들과
풋사랑한테 받은 하이네 시집
글자로 엮은 면면 기억들은
책장에서 늙어가고
마음 어둘 때 별로 뜨는 부모님
내 가슴에 있다.

뱀 섬

해안선 기암괴석도
위아래 섬 뱃길도
굵고 기-ㄴ 배앰의 형상

큰길가 개양귀비
선녀봉 진달래
색으로 향으로 꼬드겨도
길 아니면 들어서지 말 것
열 쌍씩 풀어놓은
날짐승 꿩도 뜀박질 선수 토끼도
살아남지 못했나니

간이 작은 이는 얼씬도 말 것
아담을 후리던 실력이
당신을 노릴지도.

박치

그녀는 순발력이 없다
치고 들어가야 할 때를 자꾸 놓친다
때로는 너무 늦고
때로는 너무 빠르다
춤도 노래도
사람 사귀는 게 서툰 것도
박자를 못 맞추는 탓이다

타이밍이 생명인데.

여섯 살 손녀

할머니도 죽어?
죽으면 천국 가?
천국 가는 건 죽는 거지?
천국 가지 말고
그냥 우리와 살아
천국 가는 건 좋은 것 같기도 하지만
슬플 거 같아.

가루눈 오는 저녁

선친도 선비도 가셨다

무덤도 납골당도 수목장도 하지 말고
뼛가루 찰밥에 뭉쳐
선산 까막까치들한테 보시나 하라셔
두 분 다 그렇게 보내드렸다

제 때에 벌초 못 하면
자식들 욕먹을까
한번 장사지내면 그만인데
관리비 부담 지울까
깊은 속 저린 마음 모른 척하고

몇몇 해 비바람 폭설이더니
신니터널* 공사로 선산마저 무너져
명절이 되고 기일이 와도

갈 곳이 없다

흙 속에도 항아리에도 갇히기 싫으셔
신니면 송암리 197번지*
향리 곳곳 떠도시는지

가루눈 내리는 이 저녁엔
내 안에 드셨다.

* 신니터널: 충주시 신니면 소재. 평택 · 제천간 고속도로의 21개 터널 중 하나.
* 송암리 197번지: 선친이 나고 자라신 곳. 부모님이 신혼부터 6년을 사시던 곳.

2

모든 것은 변하고 사라져가는 것

없다

어머니는 맛있는 미역이라며
여섯 자식들한테 때때로 한 봉지씩 안기셨다
그때마다 나는
뭐 하러 이런 걸 사놓느냐며 불편해했다
고마워요 엄마, 잘 먹을게요 하거나
오시라 해서 맛있게 끓여드렸더라면
오죽 좋아하셨을까마는

서운케 한 일 그뿐이었으랴
지팡이 삼아 밀고 다니시던 유모차가 가벼워
엎어질 것 같다고
묵직한 돌멩이 태워 쉬엄쉬엄 걷던
연약한 무릎과
열 발자국도 못 가 숨차하시던 가냘픈 어깨
주물러드린 적도 없다
꿈에라도 붙안고 흠뻑 울고 싶다

이제는 어머니도
어머니 사랑 담긴 미역도 없다
부산 기장엘 가도
진도 임회엘 가도
고흥이나 완도 어디를 헤매어도
없다.

간격

현관문 여닫힘이 너무 세다
꽁무니를 물어뜯을 기세다
건물만 울리지 않고
내 속까지 헝큰다

손을 좀 봤더니
일일이 참견을 해야 한다
집착하다 돌아선
그 마음 같다

기계나 사람이나
알맞추는 어렵다.

내 마음의 산막에서

다저녁때 눈이 온다
축복처럼 재앙처럼

좀 오다 말겠지 했는데
그칠 기미가 없다

기왕이면 푹푹 쌓였으면
아무도 드나들지 못하게

모든 것은 변하고 사라져가는 것
지고 나면 지 눈도 멈춰 있겠지.

밤비

초겨울 새벽 3시
자늑자늑 비 온다
낮부터 내리는데
허리도 안 아픈지

평안할 땐 저 소리
정답게도 들렸는데
너와 불화한 이 밤엔
내 안 후비는
고드름이다

비가 오는 곳은 밖인데
젖는 것은
나다.

쥐약

도꾸가 삽짝 밖으로 내달렸다
하던 숙제 팽개치고 쫓아가 보니
개울 속에서 허우적대다
냇가로 기어 나와 격한 몸부림
그렇게 몇 번을 오가더니
훔쳐 먹은 남의 밥 자갈밭에 돌려주고
뻣뻣한 평화를 가져갔다

찌그러진 양재기 싫증 났을까
낯선 향기, 아찔한 유혹
뿌리칠 수 없도록.

엄마의 죽

도시락을 먹었어도 하교 때면 배가 고팠다
친구들은 매점이나 빵집으로
나는 서둘러 집으로

동네 어귀 들어설 때 죽 냄새 풍겨오면
자배기에 퍼 담고 있을 엄마 모습 어른거려
재바르던 걸음 무거웠다

콩죽 팥죽 미역죽은 고급
아욱 시금치 콩나물 묵나물 시래기죽은
냄새만으로도 짜증 났지만
겨울철 호박범벅은 두 뱅뱅두리*도 좋았다

별미로 건강식으로
온갖 죽들 몸값 비싼 세상인데
물리도록 먹던 엄마의 나물죽이

몹시 생각난다.

* 뱅뱅두리: 둥글넓적한 그릇. 식혀 먹기 좋음.
(아버지 객지근무 중이시던 시절, 어머니는 떡고물에 혹하여 빚보증 섰다 떼이고 저녁 식사로 죽을 쑤는 날이 많았다.)

반지 · 1

헤어지면 평생 보고플 거 같아
살 맞대고 살자며 금지환 나눠 꼈지

약속의 증표는 두 해 만에 페추리카메라 되어
첫아이 요모조모 새기다가 쓰레기통에

검은 머리 백발 되고 별방생활 십수 년
손가락에 목덜미에 연민만 감긴다.

반지 · 2

어려서는 풀꽃반지
연애할 땐 14K반지
혼인할 땐 순금반지
중년 때는 액세서리반지
회갑 때는 定根반지

한나절도 못 가던 꽃반지
볼 때마다 설레던 애인반지
가시버시 선포반지
재미삼은 가짜보석반지
공덕 쌓으라던 우정반지
이리저리 사라지고
묵직한 세월반지만 남았다.

파꽃 · 1

잠 못 들어 뒤채는 밤엔
나지막한 자장가로
속 더부룩 답답할 땐
따뜻한 죽으로

살이 곪고
피의 길이 막히고
힘줄들 멋대로 뒤틀리면
끈끈한 정 짜내어
풀어주고 싸매줬는데
그날 이후 이제는
봄이 와도 움트지 않고
여름 되어도 꽃피지 않는
내 안의
마른 꽃.

파 꽃 · 2

아버지의 모란꽃 족두리꽃* 옆에
상추 쑥갓 대파를 심은 어머니는
참새도 쳐다보지 않는 울 밑에 서서
정성 쏟아 가꾸셨지

어머니가 살뜰히 다독이던
작고 어둡던 옛집 무너져
다른 건물 세워지고
꽃을 좋아하던 아버지도
살림만 알던 어머니도
먼 곳 가신 지 오래인데
나는 연고 없는 노인정 앞에서
달빛처럼 고운 파 꽃들을 보네.

* 족두리꽃 : 풍접초. 원산지는 아메리카. 족두리처럼 생긴 한해살이 꽃.

새 아침

움츠린 채 듣는
바다 숨소리
광막한 하늘
뒤집어 보시려나
감읍할 빛의 위력
불끈 솟는 태양
갈매기 목쉬도록 환호하며
파도를 넘는다.

이즘도의 아침

하늘에선 함박눈 내리는데
바다를 향한 물망초펜션 황토방에선
밤잠 놓친 갈대풀들
세상모른다

달맞이꽃 가득한 벽에 매달려
지나간 사랑처럼 무심히 내려다보는
엉겅퀴 한 다발
꽃과 잎과 줄기와 뿌리 용케 남아
뜨거웠던 한 시절을 목말라 한다

드문드문 숲섬들
소복 단장한 무덤 돼 가는데
옛사람 늦은 안부인가
격자창 모서리로 날아든 송이 눈
방안을 기웃한다.

풍란 석부작

눈도 코도 없는 돌멩이
씻고 닦고 매만져
꽃술 하나 얹었다

앞에서 쳐다보고
옆에서 속삭이고
뒤에서 살펴본다

멀리 보고
당겨 보며
하루를 묵새긴다.

유월장미

빨간 봉오리
한 겹 두 겹 열릴 때는
열아홉 순이더니
비바람 땡볕에 피멍 진 오늘
눈 맞추기 민망하다
돌아와 다시 보니
동그란 풋것
아하! 아기서는 중이었네.

나도감나무*

가을이 깊었다
낯선 집 울안에 황금빛 열매
탱자보다는 작고
거봉포도보다는 크다
열매가 눈 설어 한참 쳐다보고 나서야
고욤인 걸 알았다
크고 때깔 좋은
부유 · 차랑 · 대봉시들은
너도 감이냐며 웃겠지만
단지에 재워 한겨울 익히면
꿀보다 달고 부드럽다

내 안에도 나무 하나 있다
꽃도 열매도 오종종하다
그게 뭐냐고 누가 물으면
나도감나무.

*나도감나무 : 고욤나무

한련화

앞집 소년이 창턱에 놓고 가꾸던
다섯 잎 빨간 꽃
올해도 곱게 피어 내 마음 만져준다

저 꽃이 연(蓮)의 명을 받고도
마른 땅만 좋아해 한련(旱蓮)이 되었다면
유복한 집 귀한 손(孫)으로 왔다가
서둘러 떠난 그는
어디에 무엇이 돼 있을까

빨강 꽃 곱게 말려 미농지에 붙이고
'一片丹心' 써 보낸
우련한 마음

오늘도 꽃을 보며 그 소년 생각한다.

뻐꾸기* 울던 날

오월 중순
잡목 우거진 엄다면 범바우재
새신랑은 길을 내며 앞장서고
문평댁 뒤로
꽃각시

도래솔향기 그윽한
외진 숲속
상석(床石)은커녕 돌비도 없는
무덤 하나
보라색 제비꽃
고개를 끄덕인다

어서 오니라
우리 아그 벌써 커서 장개갔나
각시는 어매한테 골라달라제……

허허허 갠찮다
니 맴이 중헌고로

신랑각시 절하는 동안 문평댁
붉어진 눈 내려뜨고
봉분의 잡초만 뽑는다

- 임자, 아배어매 성제들 땜시
고상 많았제?
미안하오

건너편 뻐꾸기 말 걸어온다

- 이녁은 안즉도 새파랗지라?
요것 자시고 아그덜이나 도와주시소

등 뒤 뻐꾸기도 화답한다
하늘 푸르고 바람 상쾌한 날
이승과 저승이 둘러앉았다

산이 깨어나서 시끄럽다.

*뻐꾸기 : 일반적인 뻐꾸기의 생태나 습성과는 상관없이, 뻐꾸기를 매개물로 망자와 생자간의 이야기를 유추해 봄.

도장골 순이

신니면 송암리 후미진 곳에
낮에도 어둑한 상엿집 있었다
쥐며느리 들끓는 바닥
꼭두닭상여*는
황천객들 태우느라 향도 색도 삭았는데
서늘한 흙벽 앞
두 폭 곡병(曲屛)엔
핏발선 눈으로 졸지도 못하는
수탉 한 마리
저 닭 울면 엄마 돌아올까
핏기없는 낯으로 들어다보던
일곱 살 동무.

*꼭두닭상여 : 나무로 만든 상여. 앞부분에 닭대가리를 커다랗게 조각해 놓음. 삼동네(왜실, 담안, 도장골)가 하나를 마련해놓고 공동으로 사용함. 1회용이 아님.

산책

이른 아침 조달산은
배고픈 새들의 성토장인가
쯔빗쯔빗 박새가 신호하면
휘~익 휘~익
호랑지빠귀 존재를 알리고
깨록깨록 깨로록
개개비새 배곯는 소리에
홀딱 벗고 오라는 검은등뻐꾸기
오호끼로리로 휘파람새 놀려대고
까악깍 산까치 짖어대니
삐르르르 찌찌찌
노랑할미새 시끄럽다 잔소리 하고
먹을 것 안 주려면 나가라는지
산비둘기도 툴툴거린다
꾸욱꾹 없어져 꾹!
우거진 나뭇잎 뒤에서

삐쭉삐쭉 쫑알쫑알 지절대는 소리에

잠들었던 아침 산

화들짝 몸을 턴다.

3

그 겨울의 강

반달

나 그대 창밖
감나무에 앉아 있네
아침 일찍 일어나
다홍색으로 익혀왔는데
무심한 그대는 잠이 드시고
서늘한 갈바람만
놀다 가라 붙잡네

얼마나 기다리면 일어나실까
일어나면 쳐다봐주시기는 할까
맘에도 꼭꼭 담아주실까.

앓고 나면

아가들은 재롱이 늘고

처녀들은 예뻐지고

나는 늙어만 간다.

그 겨울의 강

남녘에선 지고 있다는 봄꽃들이
히죽해죽 웃기 시작한 서울에서
잠 없는 꿈을 꾼다

정선군 제장마을 앞 강
용의 발자국 새겨진 절벽 아래서
얼음의 정령은 천둥처럼 소리쳤다

- 가시뿐인 몸뚱이로 꽃 한 송이 얻으려면
비바람에 몇 번 동댕이쳐지고
목 조이는 땡볕에서 장대뛰기라도 하라!

지레 겁난 나는 변방이나 기웃댔다

유월이나 돼야 녹는다는,
장정 수십 명이 해머로 내리쳐도

꿈쩍 않을 거라는

초록색 그 두꺼운 얼음 위에서

끝장을 보지 못하고.

그해 오월

삼칠일 핏덩이 나를 떠났다
누구한테 못된 짓 했었나,
죄책감에 상실감에 노랑꽃만 피웠다

빼근하게 젖 돌면
내 아기 배고플 시간
강보 끌어안고 자장가만 읊조렸다

눈이 부시도록 맑은 날이면
멀쩡한 기저귀 물 적셔 마당 가득 널고
바지랑대 치세워 거짓 소문 펄럭였다
우리아기 무탈하다고

부질없는 짓이다, 햇살이 눈 흘기면
못 본 척
정신 차려라, 바람이 비웃으면

못 들은 척

앞집 버즘나무에 두견이 울면
내 아기 넋인가, 마음 산란했다

전철에서

늙수그레한 여자가 전화를 건다

배추김치 해다 주까?
....

열무김치 해다 주까?
....

오이소배기 해다 주까?
....

그럼 뭐 먹고 싶어?
....

저쪽에서 뭐라고 했는지
전화를 끊고 눈을 감는다
평안해 보이지 않는다.

나는 지렁이보다 잘났을까

맑고 푸른 하늘 쳐다보며 걷는데
발밑에서 찌지직 소리
알과 함께 터진 지렁이 몸부림치는 신음이다
징그럽고 미안해서 얼른 피했다

불통이 된 친구를 생각하며
눈 내리뜨고 무겁게 걷는데
굵고 기다란 무골충이 한 마리
길을 막고 세월아 네월아다

신발 앞 축에 힘을 주어 냅다 걷어찼다

느닷없는 공격에 식겁했을 놈
…원통하겠다.

내 컴퓨터

기둥서방이다
놀고먹어도 기세가 등등하다
나는 첫날밤부터 기가 죽었다
쉽게 곁을 주지 않아
이리저리 비위를 맞추며
조심조심 다가갔다
예민한 것으로 치자면 나도 한가락 하겠지만
싸우면 일방적으로 당한다

사람도 사물도 늙으면 고집만 쎄지는지
조금만 수틀려도 돌아앉는 화상
웬수웬수 하면서도
쓰레기를 물어오면 말없이 치워주고
탈이 나면 의원한테 보여 보지만
속이 끓다 터지려할 때가 많다

그는 내가 답답하겠지만
나는 그가 편편찮다
이도 저도 아닌 삶 맥이 빠져
내다 버려야지 하다가도
저나마도 없으면 우찌 살까
살살 달래가며 산다.

마라도의 저녁

장군바위가 지켜주는 남남쪽 그 섬에는
사람보다 개가 많다

여객선이 항구에 닿자 마중 나온 견공들
방문객 앞앞이 안내를 자청한다

이박삼일 나그네를 찜한 순한 눈동자도
석양이 불질러놓은 마을을 향해
핼금거리며 앞장선다

십이월의 낯선 섬은
드센 바람으로 텃세를 하는데
속도 없이 설레는 심장
발보다 앞선다

초저녁부터 불덩이 품은 바다

밤새 아우성쳐
감성돔 몇 마리 에우고 같이 새울 때
손님 모셔오느라 고단했던가
백구, 달빛 아래 꿀잠이다.

나들이

오랜만에 기차를 탔다
큰기침 신호로 천천히 걸음 떼는
묵직한 소리
호젓한 심장도 긴장한다

밭고랑 같은 철로 한 곳을
보무당당히 나서는 기차
두 길만 되어도 갈팡질팡하는
나 같지 않다

참 많이도 달라졌다
홍익회원과 역무원은 보이지 않는데
노래방도 있고
족욕실도 생겼다나

슬금슬금 따라오는 흰 고깔 관악산

잘하는 게 뭐냐며 웃는 것 같아
흘겨보다 외면한다

기차에 업혀 거침없이 달린다
굵은 산허리도 뚫어보고
눈 덮인 들판도 가로지르고
언 강기슭 싯누런 갈대도 훑어가며.

문신(文身)

- 꽃말로 본 사랑 이야기

나는 그 남자의 꽃밭이었다
우윳빛 가슴 분홍으로 물들 즈음
그는 내 마음에 꽃을 심기 시작했다

인동초꽃 시들기 전에 은매화를
열에 달뜬 밤에는 진달래꽃을

복사꽃은 복사나무 밑으로 지고

작은 일에도 토라지면 미모사를
속내 어지러운 날은 사향장미를

그런 날은 스스로 나팔꽃을 심었다

그는 꽃밭을 헤집고 날아간 호랑나비
나는 먼 하늘만 쳐다보는 패랭이꽃

금송화 산옥잠화 필 무렵
그가 돌아와 담쟁이를 심었다

비 오고 바람 불었다
상강이 왔다 가고 입동이 다녀갔다
된서리 끝에 폭설도 쏟아졌다
황새냉이도 해오라기난초도
숨소리만 기억한다.

낯선 곳

한밤중
조부님이 검은 양복을 입고 오셨다
아무 말씀 없는데 끌리듯 뒤따랐다

조모님을 외롭게 하신다고
아버지 몫의 재산을 빼돌리셨다고
좋아하지 않았었다

밤의 도시를 지나
새벽녘 닿은 곳은 낯선 농촌의 개울 앞
건너편 둑에 서 있는 검은 잠바 셋
나를 빤히 쳐다봤다

조부님 따라 돌다리를 건넜다
개울을 벗어나자 조부님과의 사이
점점 멀어졌다

뛰어도 소용없이

풀 한 포기 없는 삭막한 운동장
옆으로 긴 3층 건물
조부님 뒷모습 보고 나도 따라 들어갔다

교실마다 어두운 표정으로 웅성거리는
중 노년 남녀들
조부님 인상착의를 말했지만
다들 고개만 갸웃했다

갈 바 몰라 서성이다 생시로 돌아왔다
나는 어디를 갔다 온 것일까
조부님은 왜 나를 거기까지 데려가 놓고
숨으셨을까.

모닥불 속에

갈참나무에선 표고 향 나고
노간주나무에선 술 내음 나지요

싸릿가지는 싸락눈 소리 내고
아까시나무는 껌 씹는 소리 내지요

자두나무는 속살이 붉고
복사나무는 겉살이 붉어요

소나무는 빨갛게 타고
떡갈나무는 파랗게 타올라요

둥그레 활활 타는 불꽃에
어수선한 내 마음도 던져 넣어요.

길

50밀리쯤의 비에 젖어보고 싶다
밤부터 새벽까지
아침부터 저녁까지 기다려 봐도
해갈의 기미는 없다

여윈잠 게으름과 뒹굴면
그마저 목에 걸려 진땀 나는데
길은 멀고
남은 해는 노루꼬리
잘못 든 거면 어디로 가야 하나.

너와 나

너는 바람
나는 풍경
네 몸짓에 따라
나는 정신없이 휘둘리기도 하고
여여롭기도 하다

너는 심심파적 기웃대도
나는 너의 작은 기척에도
숨 조이며 설렌다

어제는 청아한 소리로 노래하게 하더니
오늘은 뎅~뎅~ 울게 만드네
내일은 정좌하고 명상에 잠길거나.

눈사람

눈이 소복이 쌓인 아침
마당에 식구들을 만들었다
할머니 아버지 엄마
그리고 우리 넷
막 일어난 해님이 빙그레 웃었다

한나절 놀다 오니 무너지고 녹아버려
뿌루퉁한 내 얼굴
해님이 미안한 듯
구름 속으로 숨었다.

호암지*

백발 이고 왔더니
반세기 전보다 젊고 멋있어졌다

여름이면 내 아버지 낚시하시고
겨울이면 우리들 스케이트 타던 곳

함박눈 퍼붓던 날 저쪽 언덕에는
휘파람 불던 눈사람도 있었지

자맥질로 바쁜 오리들은 알고 있을까
내 그리운 이들 어디 갔는지.

*호암지 : 충북 충주시 호암동에 있는 저수지. 1932년에 농업용수로 준공됨. 지금은 시민들의 휴식처로 애용되고 있음.

한 생각

나 누굴 참마음으로 좋아했거나
그런 감정을 받아본 적 있던가
잠시 스친 짜릿한 눈빛과 막연한 짐작
실바람 혹은 남실바람을
사랑이라고 착각한 것도 같다

운명적인 사랑을 꿈꾼 적 있다
이젠 구경만으로 족하다
맘 편한 게 제일이다

그가 좋아하는 음식을 나도 잘 먹고
내 취미를 그가 비웃지 않고
기쁜 일 생기면 진심으로 축하해주고
언짢은 일도 상의할 수 있고
좋은 곳 함께 보러 다닐 수 있는
동성 친구 하나 있으면
저무는 길이 환할 것 같다.

무제

진눈깨비 희뜩거리더니
가랑비도 문안 든다

모양도 색도 없이
무늬만 아른아른

저 속에 얼비치는
그리움
아쉬움
헛것들.

십일월

청계산에서 매봉 오르는
능선과 골짜기에
늦가을이 몸을 부리고 있다

喜怒哀樂愛惡欲

흔들었다
내려놨다
도로 끌어안는
내 머리와 가슴에도.

4

겨울 스캔들

불량품

내 칼은 무디다
갈아도 벼려도
날이 서지 않는다
쳐냈다 싶으면 어느새
더 큰 덩저리로
내 안에 와 있다
좋은 쇠로
다시 만들어야겠다.

겨울새

땅이 숨넘어가는
입동 무렵 흐린 오후
안산시 장곡동 솔밭에
나그네새 한 마리 깃을 접었다
사랑도
아쉬움도
서운함도
다 내려놓고.

펜의 친구

글 몇 편 남기고 요절하여
화석이 된 이

장수만세 구가하며
생활이 문학인 이

삶은 모범이지만
글은 맹물에 조갯돌 삶는 이

인격은 좀 모자라도
글 하나는 잘 쓰는 이

위중한 병 앓으면서도
옥구슬 엮는 이

공식문단 외면하고

사이버에서 날리는 이

문단데뷔 안 했어도
서점가를 들썩이는 이.

흉터

태어날 땐 흠도 티도 없었는데
한 생애 살다 보니 딴판이 됐다
거울만 보면 보이는 것
그냥도 보이는 것
눈을 감아야 보이는 것
남들도 알아채는 것
나만 아는 것

칼질 망치질 꿰맨 자국은
엷어지거나 없어질 수도 있지만
마음 앓은 흔적은
눈딱지에 혀뿌리에 미간에
박제로 붙어
나를 할퀴다 남을 치기도 한다.

모과 예찬

창밖에 금덩어리 주렁주렁
음전한 자태에 살결도 곱다
과일가게 망신 어쩌구
다 헛소리
성급히 입 댈 수 없어
눈 흘기는 투정이다
기침 가래 삭여줘
숙취 해소에 좋아
좋다는 게 그뿐인가
속이 썩어도 향기만 뿜으니
게으르고 비겁한
어리석고 어수룩한 그대보다
명품이거늘.

밤꽃

유월 중순 비 오는 순례길에
길고 짧은 밤꽃들
피부병 앓다 나온 지렁이인가
못다 피고 스러진 푸른 넋인가
빗물 흥건한 바닥에 여여히 누워
무슨 생각 하는지.

뒷집

한밤중
생명의 소리는 들리는 듯 마는 듯
물건들 이아치는 소음만 요란하다
선무당이 또 집을 수리하려나
그래봤자 문짝이며 벽이며 창문
더 망가질 뿐일 텐데

사이렌이 울리고 나서야
두런두런 사람들 소리

뒷집은 무엇이 문제일까
빼는 듯 다시 박는 못질도 모자라
저리 뇌성까지 쳐대면
지붕인들 온전하랴.

초상날

- 아짐, 인자는 묶어 논 돼지 신세 면케 되얐소
괴기 좀 더 내오시지라 술도 모지란당께요

문설주 잡고 먼 하늘 바라보며
혼잣말에 너털웃음이던 시락골양반
구순 앞둔 초여름에 불귀하셨네

함평천지 열사흘 달빛으로 질펀하고
노상마을 최씨네 남폿불로 대낮인데
양손에 떡 쥔 꼬마들 차일 안팎 뛰놀고
원근각처 조문객들 홍어삼합 누룩막걸리로
홍취마저 도도하네

시신은 큰방 병풍 뒤에서
수행원 없이 삼도천 건너시는데
마당에선 상여꾼들 빈 가마 둘러메고

만가소리 어러러소리*

찔레 향 공중에 흩어지고
요령소리* 저승 문 흔들 때
상제복인 애소리*에
철 이른 매미도 슬프다 우네

꽁무니에 엎딘 충주 산(産) 손부
보송한 눈가에 침 찍어 바르다가
제풀에 어깨를 들썩

- 손지메누리 우능겨?
그새 정이 들었는갑소이~

이웃할머니, 개떡을 찰떡으로 아셨나
베어 문 웃음 치마폭에 묻을 때

빙그레, 달님도 웃었네.

*만가소리 어러러소리 : 망자를 위로하는 상여꾼들의 노래.

*요령소리 : 상두가 손에 들고 흔드는 종소리

*애소리 : 크게 곡하는 소리

눈썹달

얼마나 기다렸으면
저리 휘었을까

얼마나 서러웠으면
저리 야위었을까

얼마나 사무쳤으면
저리 태웠을까.

겨울 스캔들

열애 중이다
아무도 모르게 끝내고 싶은데
들키는 거 시간문제겠다

내가 먼저 틈을 보였다
잠깐인데 뭐, 하고
그러다 그놈한테 딱 잡혔다

처음엔 대단찮게 여겼다
제깟 것한테 넘어갈 줄 알아?
그런데 그게 아니다
내가 그렇게 맘에 들었는지
찰싹 들러붙어
빰이며 귓불이며 목덜미에
뜨거운 열 확확 뿜어
목젖을 붓게 하고

골머리 지끈지끈
콧물 줄줄 나게 한다
앉으면 어지럽고
누우면 숨 막힌다
음식대접을 잘해주면 순해질까
이불속에서 실컷 놀아주면 떨어질까

감기가 나를 안고 몸살을 한다.

석별

해 질 녘이 좋다던 친구
어스름에 눈감았다

낮달이 내려다보는 언덕배기에
망자만 남겨두고
생자들은 식당으로 내려와
육개장에 밥을 만다
죽은 이의 부재를 슬퍼하느라
굶는 이는 없다
술에 떡에 고기에 과일에
생목숨 건사하는 게 치사하다

친구는 유계(幽界)로
나는 현계(顯界)로.

비 온 뒤

오랜 가뭄 끝
몇 번의 폭우에 산도 목욕을 했다
지쳤던 나무들 신수가 훤해졌다

수북수북 쌓였던
흙먼지 굵은 모래 말끔히 씻겨
오르막도 내리막도 상쾌하다
버짐피고 끈적이던
으아리 사위질빵 댕댕이덩굴
넌출넌출
춤사위 시원하다

박새 소쩍새 휘파람새
소리 한결 드높아
얹혔던 속 덩달아 내려가고
저기 한강수도 힘차게 달린다.

털

스물한 살 처녀 셋
동해바다에 갔다
푸른 하늘엔 햇솜 피어오르고
백사장은 사람의 꽃밭

처음 입는 수영복이 어색하고 부끄러워
얼굴은 검은 안경으로 숨기고
몸은 크고 시커먼 튜브에 묻었다

손바닥 노를 저어
고요한 듯 격정의 바다로

목표지점은 저만큼에서 유혹하는
빨간 부표

사람들 소리 아스라하고

목표물 코앞인데
뒤통수 때리는 호각소리

빨간 모자 하나 숨차게 오더니
얄짤없이 호통이다

- 수영도 못하는 것들이 죽고 싶냐?
멀리만 가면 장땡이냐!

그러거나 말거나 아가씨들은
검정 유리 뒤에서
낯선 사내의 실팍한 가슴을 덮고 있는
잡초만 훔쳐봤다
경이로운 눈으로.

그때 그 자리

갑년 만에 보은군 장안면 장내리에 갔다
마을 뒷산은 여전히 짙푸른데
검은 송판 초등학교는 고운 색 옷을 입고
물결치던 보리밭은 감나무와 주택들
우리 잠시 살던 적산가옥 사택은
흔적도 없다

새우젓 사~려
콩나물 사~
박가분도 있어유!

지게로 손수레로 광주리로 장사하던
아저씨 아줌마들
운동장 뛰놀던 빡빡머리 뚝배기머리들
어디에 숨었는지

시앗을 봐놓고도 부처님미소이던 할머니
풍금 나팔 아코디언 독학하던 아버지
까미머리 엄마도 보이지 않아

여섯 살 그해 봄
아버지 손잡고 걷던 방죽을
천천히 걸어본다
그리움에 사무쳐서.

화부(火父)

영하 십사오 도
오늘 같은 밤 아버지는 털모자 눌러 쓰고
이 방 저 방 군불을 때셨다
솔가리 삭정이 관솔에 불붙으면
쪼갬목 한 아름 잉걸불 만들고
통나무장작 몇 개 얹어
고래 깊숙이

불기운 한밤을 못 가 구들장 식는 새벽이면
한 번 더 아궁이 앞에 앉아
혹한의 겨울장군 물리쳐주셨다
불 때는 아버지 곁에 앉아
낮에 있었던 일 재재불거리다가
제풀에 속상해 눈물 쫄쫄 짜면
괜찮다 괜찮다 껄껄 웃으시던 아버지
세상에서 제일 좋은 나의 하나님이셨다.

목련

그처럼 아름답던 시작

이토록 남루한 최후

필 때는 영광의 꽃

질 때는 회한의 눈물.

그 여자

맘에 드는 남자가 호리기라도 하면
어벌쩡하다 광혹(狂惑)할 여자

수십 년 주부로 살아오면서
벽돌 한 장 못 올린 여자

현모양처도 방짜살림꾼도
사모님이나 유한마담도 아닌 여자

어디를 다녀도 무엇을 해도
무늬만 그리고 사는 여자

지구인 보탠 수보다
낙태를 더 많이 한 여자

웃지 않으면 골 난 것 같고

정말 골나면 못 봐줄 여자

바닥을 쳐 본 적도 하늘을 본 적도 없으니
삶의 참맛을 모를 여자

정직한 비평가에게 찬사를 들어 본 적도
헌신한 적도 없는 여자

인생 잘못 산 것 같아
자주 까부라지는 여자.

봄비

봄을 다지듯
비가 옵니다
속삭이듯 조용한
그대의 비가(悲歌)
혹여 발목 잡힐라
꿈길조차 인색한
백년도 안 된 별리.

장마

둑이 무너졌다
비가 오지도
바람이 불지도 않았는데
제어장치 풀린 혀
속내를 쓸어갔다
폐허 속에 남은 건
헛헛함 뿐.

5

저 엄청난 자국

두 억새

당신과 노을카페에 마주앉아
두리번, 딴청이다
익은 듯 바랜 모습 서로가 낯설어서

반세기 전의 당신은
튼실한 어깨와 넉넉한 가슴을 가졌다
눈 맑고 꿈 많고 목소리 고운 나를
자신 있게 안아줄 만큼

키 작은 패랭이꽃 언덕
잔디밭에 나란히 앉아
저 아래 호수
윤슬 반짝이던 잔물결 금빛으로 출렁일 때까지
무슨 꿈 엮었던가

햇살 숨바꼭질하던 오리나무 숲
는개 맞으며 무학당* 앞에서

사천개*까지 걷던 밤의 긴 둑방길
거기 가면 젊은 우리 만날 수 있을까

하얗게 야위었지만 속이 찬 당신
건들바람에도 휘청이는 나
푸른 하늘이 희망이다.

* 무학당(武學堂): 충주시 봉방동, 삼원로터리 동쪽에 위치. 1713년(숙종 39)에 무예를 연마하기 위해 지은 6칸의 무예연마장이 있던 곳. 무학당 앞뒤로 냇물(충주천)이 흘러 마치 섬처럼 돼 있어 죄수들을 가두기도 했음.('충주시예성문화연구회' 참조)

* 사천개: 신라시대 때 중원경 혹은 사천성이라고 했음. 귀족 자세들과 6부 가족들이 대번영을 이루며 실았을 때의 고을 이름을 따서 '사천성의 개울가'라고도 불렀음. 당시 그곳 가구 수가 4천여 호였다고, 사氏와 천氏가 서로 세력을 과시하며 살았다 하여 '사천가 마을'이라고도 했고, 이 부근의 네 갈래에서 물을 끌어갔다 하여 '네 갈래 냇물'이라는 뜻으로 '사천개'라고 했음. ('충주의 구비문학' 참조)

오스틴의 달밤

텍사스 주 콜로라도 강변
오크나무 위로 보름달 솟았기에
'콜로라도의 달'을 흥얼거리며
근처 선상카페로 간다

술 손님 커피 손님들로 시끌복잡한
3층의 '모차르트'
온갖 불빛 뒤엉켜 어지러운 강물

흔들리는 난간 잡고 하늘을 보니
달은 저만큼에서 본 척도 않는다
갈 데가 따로 있는지
강물이 맘에 안 드는지

느닷없는 소쩍새소리에 돌아보니
흑인청년과 백인아가씨 마주앉아

귀 잡고 싱글뱅글 뽀뽀 중이다

은물결 금물결도
고즈넉이 가라앉은 향아님도 없지만
서로 달이 되고 있는 청춘들로
이국의 겨울밤 낭만으로 익어간다.

네 이름은

떠돌이 삭풍
웅크린 먹장구름
한 마음 철썩이는 검푸른 파도
눈물 밴 저녁 안개
연못 속의 생이가래
마법사의 검은 보자기
낯선 별에서 숨어든 살바람
독침 뿜은 노랑쐐기
겨울밤 홀로 타는 사과나무
선과 악 사이를 오가는 모순덩어리
칼끝에 묻은 꿀 한 방울
일방통행 청춘열차
친구를 잃었는지 못 사귀었는지
하냥 외톨이.

산이 섬인 사량도

짭조롬 비릿한 갯내 묻어나고
바다 위에 저녁 해 곱게 깃드는
그 섬에 가면
진한 영남사투리로 열 올리는
검정나이방이 있다
입담도 좋지만 조용필의 'Q'를 잘 부른다

뭍으로 날아간 파랑새를 못 잊어
어둔 날도 있었지만
옥녀봉 입구로 선착장으로
날마다 수많은 여행객들 안내하며
신청곡도 불러주고 고향자랑 하다 보니
어느새 행복해졌다나

나뭇가지 사이로 내달리는 바람소리 좋아
십일월이 기다려진다는 남자
너털웃음에도 자상한 설명에도
바람이 묻어있다.

촛불 사이로

아버지, 촛불이 흔들려요
○○선원에 오셨다는 뜻이지요?
삼베도포를 입으셨나요,
옥양목 흰 두루마기차림이신가요

편찮던 몸은 다 나으셨지요?
거기서는 뭐하며 지내세요?
여기서처럼 가끔 낚시도 다니고
퉁소와 하모니카도 부시는지요

아우들은 눈물만 짓고
어머니는 아버지 영정사진 바라보며
사는 게 멀미나니 빨리 데려가 달라시네요
많이 외로우신가 봐요

진설한 음식들 입에 맞으시는지요

복숭아와 옥수수는 없지만
떡에 과일에 고기 나물 생선 넉넉하니
든든히 잡수세요

종교를 구실로 예를 다하지 못하는 것
용서해주세요

또 촛불이 움직이네요
잘 있으라 손 흔드시는 거죠?
먼 길 편히 가시고
명복을 누리셔요 아버지…….

웃은 값

호텔에 짐 풀고 저녁밥도 먹었다
일행들과 로비에서 쉬고 있는데
가이드처녀 다가와 속살거린다

- 근처에 실내 성 자료관 있는데 천 엔씩이에요

비싸네 바가지네 하다가
야릇한 호기심에 쫄레쫄레 따라간다

간판부터 낯 뜨거운 건물
초등사내아이를 동반한 일본여인과
앞서거니 뒤서거니 들어가니
벽을 채운 진열장엔 골무만 한 인형들 가득 얼크러져
온갖 색을 쓰고 있다

- 난 뭐 별 것이라구! 개지랄……

바투 보던 누군가 궁시렁

이층도 삼층도 가구도 영상도
도색의 물결

웃긴다고 웃고
민망해서 웃고
어이없어 히죽거렸으니
천 엔은 젊어진 값이다.

동백섬에 갔다가

이월에 가도
사월에 가도
만발한 꽃 못 보아
빛 부신 삼월에 다시 갔지만
고령의 나무들 정력
여전히 시답잖다

신사동이라고 신사들만 살고
효자동이라고 효자들만 살랴만
'동백섬' 이름값에 한참 모자라다

초병마개 얼굴 보기 딱했는지
민박집 아지매 한 말쓱 하시는데

-그래도 아침이면 길바닥과 숲이 빨갛다 아입니꺼
댕강댕강 잘린 모가지도 보기 좋심더

참수당한 꽃 보려고 하룻밤 묵을손가
죽어도 얼른 눈 못 감는 피울음들
오솔길 바위에 곱다라이 모아주고
섬을 떠난다.

청개구리의 수난

학도병으로 입대했다가 칠 년 만에 제대한 삼촌은
키만 허드레장성일 뿐 몰골이 말 아니었다
지병은 없었던 듯한데
동네 조무래기들한테 청개구리를 잡아오게 했다
동전 한 개씩 받는 재미로 아이들은
논두렁, 개울가, 풀숲을 신나게 뒤지고 다녔다
날마다 선착순 두 마리

엄지손가락 반만 한 놈들은
매끄러운 초록색 등판에
새까만 눈을 가졌는데
멀뚱거리는 그것과 마주치기 싫어
삼촌은 눈을 감고 단숨에 삼켰다

얼마 동안 장복했는지 모르지만
공무원으로 취직도 하고

양반집 규수한테 장가도 갔다
일곱 달 만에 떡두꺼비같은 아들을 낳자
동네 사랑방은 우리 삼촌 얘기로
술 없이도 즐거웠던 모양
밤마다 왁자했다

풀숲 뒤지는 아이들이 늘었다.

문평댁

열일곱에 만난 신랑 사흘 밤 정 쌓고
남의 나라 전쟁터에

삼 년 만에 돌아와 밭 사고 논 벌며
칠 년을 살더니
일곱 살 큰아들, 유복자 작은아들 남겨주고
다시 못 올 강 건넜네

청상도 서러운데 층층시하 시집살이
양잿물덩어리 상추에 싸다가
어린 눈망울에 무너져
허리띠 졸라매며 이 악물고 견뎠네

꼭두새벽 정한수
한낮에는 논밭 일
틈틈이 집안 건사
밤에는 베도 짰네

넘보는 남정네들 일별도 않고
목숨보다 중한 자식들
비바람 뙤약볕 눈보라 앞장서 받으며
뼈마디 살가죽 삭도록 지켰네

쉰에 효부상
예순에 장한어머니상
꽃다발에도 소복(素服) 자락에도
슬픔만 고였네

중풍으로 육칠 년
봄도 여름도 거울이다가
일흔아홉 고개에서 눈감으시더니
꿈에서만 만나던 반백 년 품에 안겨
그리운 고향산천 비익조*로 날으실까.

*비익조 : 전설속의 새. 금슬 좋은 부부를 비유하는 말.

자다 깨어

꿈을 꿨어요
당신이 제 머리에 은방울꽃*을 꽂아주고
포근히 안아주시는

전화기도 살펴보고
이메일도 열어보지만
다녀가신 흔적 어디에도 없군요

언제 오시기는 할 건가요?
나 여기 이대로 있으면
뜨겁게 마주 안을 날 있을까요.

*은방울꽃의 꽃말 : 희망, 섬세함, 행복이 돌아오다.

안부 · 1

구순 다된 숙부님께 전화를 드린다
친정에 한 분 남은 어르신,
찾아뵙지 못하는 송구함을 덜기 위해서다

신호가 한참 울린 뒤 뜨광한 목소리로 받으시더니
- 왜 자꾸 전화를 하는 거여?
귀가 어두워 잘 들리지도 않고
무릎이 아파 움직거리기도 힘드는데…
그래도 안직 죽으려 멀었으니 궁금하면 와서 봐

고기 한칼 끊어 버려가야지
그깟 통화가 무슨 소용인가.

안부 · 2

낯익은 이름을 본다
내가 보낸 두 번의 카톡에서 끊어진

신호가 가는 동안 뒤늦은 그리움으로 긴장하는데
저쪽에선 반가움이기보다 놀랐다는 반응이다

잘 지냈냐는 물음에 그렇다고 짧게 말하는 친구
그러더니 덤덤한 목소리로
우환이 겹쳐 정신없이 살았지만 다 지난 일,
부담될까봐 알리지 않았다고 한다

자주 전화하고 만나던 친구도
해 넘도록 소식 없으면 여줄가리 정마저 삭는지
우리가 친구이긴 했나 싶다

소원해진 게 내 탓인 듯 미안하여

말을 더듬다가 전화를 끊었다

끊어진 연(鳶) 같다.

벽화

갓밝이섬 비수리해변에서
그대를 본다
파도에 밀려왔다 바람 따라 갔을
저 엄청난 자국
저녁놀에 물든 쪽빛 하늘도
펼쳐진 비단구름도
동산 위 흰 보름달도
옷깃 파고드는 산들바람도
옥골선풍 그대.

먼 당신

사반세기를 겪었으면서도
내가 여태 당신과 육화하지 못한 것은
게으름 탓입니다
동서사방 쏘대도 빈손인 것은
눈치마저 없어서입니다

비틀어도 보고
뒤집어도 보고
깨금발 겅중거려 맴을 돌아도
고개 젓는 당신
외면하는 당신

나 얼마나 깨지고 부서져야
얼마나 더 깎이고 녹아져야
당신사람 될 수 있을까요.

엄동

네 기호가 사라졌다
동지섣달 긴긴밤 햇솜이불이고
갓 벙근 하얀 목련이더니

부끄러워 눈도 맞추지 못하던
그날 아침
너와 나는 세상에 다시없을
한 쌍의 정다운 비둘기였지

고움 미움 뒤끓던 마음까지
눈 속에 묻어버린 이 계절
친척인 듯 지인인 듯
마른 가슴 연민으로 살핀다

진달래꽃 복사꽃 피면

깊은 산 골짜기 녹아 흐르면
곱은 손 펴지고 언 가슴 녹아
외면했던 우리 눈길도 곱게 만나질까.

긍휼상

위 사람은
시의 벌판으로 나선 지 육삼년이지만
감기약 같거나 진통제 닮은
꿀 한 점 못 따고
떠밀리듯 미끄러지듯
하얀 나라로 들어섰습니다
동아리 위상에 도움 안 되는 인물입니다
그럼에도 불구하고 이 상을 주는 것은,
가당찮은 욕심 부리지 않고
다이아몬드상, 진주상, 황금상 주인공들에게
뜨거운 박수는 보낼 줄 알기 때문입니다.

어떤 노숙자

바보일까
광인일까
성자일까

수십억 복권에 당첨되고도
여전한 노숙자

호텔생활은 드나듦이 불편하고
집 사서 가족과 사는 건 귀찮아서
은행에만 맡겼다는데
써 보지도 못하고 죽으면
아깝거나 억울하지 않겠냐 했더니
자기가 애써 번 돈 아닌데
아까울 건 뭐고 억울할 건 뭐냐며
나라가 알아서 좋은 데 쓰겠지 하고
헤~ 웃는다.

우정

올해도 언니 같은 여고 동창이
귀한 선물을 보내주었다
언제 죽을지 모를 희귀병 앓는다니
아픈 몸 이끌고 병원 다니기도 힘들 텐데
집 근처에 백여 평 밭을 사
손수 농사지은
무청 풋고추 왕대추 호박고지 가지나물 ……

내가 뭐라고,
아무 도움도 못 되는 내가 뭐라고
이렇게 넘치는 사랑을 주는지
눈물이 난다

고마운 마음 어떻게라도 표현하고 싶어
이번에는 내외 내복을 사 보냈더니
전화로 야단을 친다

있는 것 보낸 건데 왜 그런 걸 사 보내느냐고
나는 너 같은 친구가 있는 것만도 좋은데
너는 우정을 돈으로 따져야 하겠냐고
이제 다시는 아무것도 보내지 않겠다고

친구야,
그럼 나는 어쩌면 좋으니.

간이역

눈을 감고 돌아본다, 떠나온 뒤란
어디는 히죽이 웃으며
어디는 아릿한 맘으로

백발 휘날리던 증기기관차 시절에는
깔끔하고 잘생긴 반장아이 눈에 띄었고
뿌앙뿌앙 전기기관차 시절에는
아랫집 미소년 하숙생
키 크고 얼굴 하얀 방송국 엔지니어
친절한 총각은행원
낭만 풍성한 편지 보내는 오빠의 전우가 있었다

이제는 나 자신이 고속열차
삼단 같던 흑발 짧고 성근 백발 되어
미지의 종착역 향해 달릴 뿐
더 이상의 간이역은 있어도 없다.